LUGARES EXTREMOS

LOS LUGARES MÁS BAJOS DE LA TIERRA

POR BAILEY O'CONNELL

Gareth Stevens
PUBLISHING

Please visit our website, www.garethstevens.com. For a free color catalog of all our high-quality books, call toll free 1-800-542-2595 or fax 1-877-542-2596.

Library of Congress Cataloging-in-Publication Data

O'Connell, Bailey, author.
Los lugares más bajos de la Tierra / Bailey O'Connell, translated by Esther Sarfatti.
   pages cm. — (Lugares extremos de la Tierra)
 Includes bibliographical references and index.
ISBN 978-1-4824-2422-5 (pbk.)
ISBN 978-1-4824-2423-2 (6 pack)
ISBN 978-1-4824-1921-4 (library binding)
1. Basins (Geology)—Juvenile literature. 2. Physical geography—Juvenile literature. 3. Altitudes—Juvenile literature. I. Title.
 QE615.O26 2015
 551.44—dc23

First Edition

Published in 2015 by
Gareth Stevens Publishing
111 East 14th Street, Suite 349
New York, NY 10003

Copyright © 2015 Gareth Stevens Publishing

Designer: Katelyn E. Reynolds
Editor: Therese Shea
Translator: Esther Sarfatti

Photo credits: Cover, p. 1 Vadim Petrakov/Shutterstock.com; cover, pp. 1–24 (background texture) Myrmidon/Shutterstock.com; p. 5 Galyna Andrushko/Shutterstock.com; p. 7 (map) pavalena/Shutterstock.com; pp. 7, 21 (Dead Sea) kavram/Shutterstock.com; p. 9 (map) Globe Turner/Shutterstock.com; pp. 9, 21 (Death Valley) Bill Perry/Shutterstock.com; p. 11 gabriel12/Shutterstock.com; p. 13 (map) Andreas06/Wikipedia.com; pp. 13, 21 (Lake Assal) De Agostini/C. Sappa/Getty Images; p. 15 (map) STyx/Wikipedia.com; pp. 15, 21 (Bentley Subglacial Trench) LIMA/NASA; pp. 17, 21 (New Orleans) POOL/AFP/Getty Images; p. 19 (map) Uwe Dedering/Wikipedia.com; p. 19 (main) Thomas J. Abercrombie/National Geographic/Getty Images; p. 20 leonello calvetti/Shutterstock.com.

Printed in the United States of America

CPSIA compliance information: Batch #CW15GS: For further information contact Gareth Stevens, New York, New York at 1-800-542-2595.

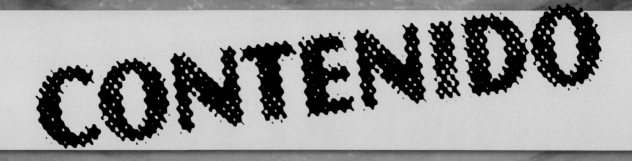

CONTENIDO

Las palabras del glosario aparecen en **negrita** la primera vez que se usan en el texto.

A NIVEL DEL MAR

¿Conoces el término "nivel del mar"? Se refiere al nivel **promedio** de la superficie de los océanos al compararlos con la tierra. Algunos lugares de la Tierra están muy por encima del nivel del mar, como el monte Everest. También existen lugares que están muy por debajo del nivel del mar. Leerás acerca de algunos de ellos en este libro.

Muchos de estos lugares contienen agua. Eso es porque se llenan de lluvia y otras fuentes de agua, como si fueran un bol. Otras zonas son bajas debido a condiciones cambiantes dentro de la Tierra.

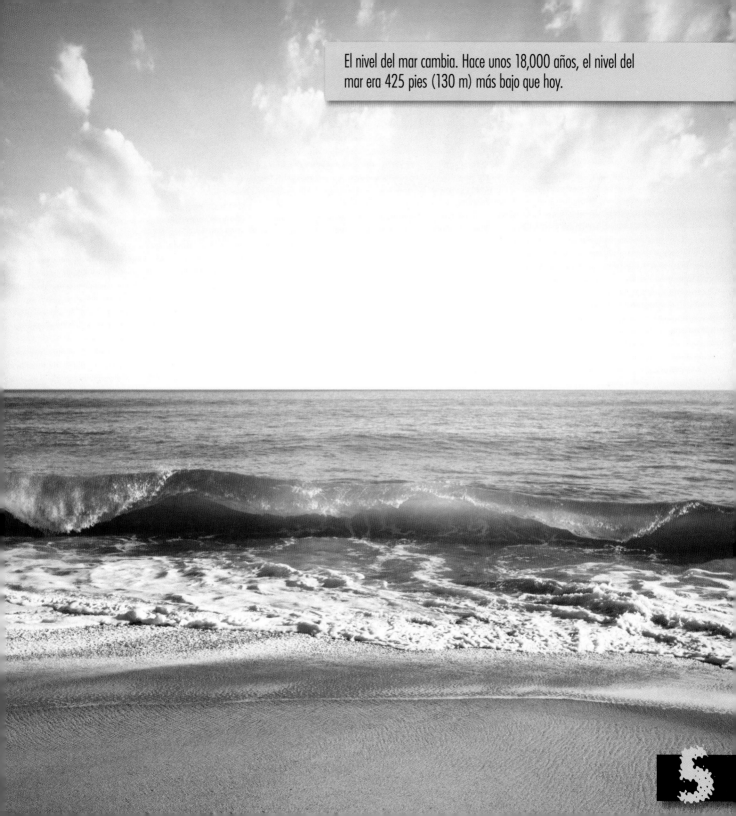

El nivel del mar cambia. Hace unos 18,000 años, el nivel del mar era 425 pies (130 m) más bajo que hoy.

5

EL MAR MUERTO

La **corteza** terrestre está hecha de piezas llamadas placas **tectónicas**. Estas placas se mueven constantemente, aunque muy despacio. Sus movimientos crean algunos de los accidentes geográficos de la Tierra.

El mar Muerto, el punto más bajo de la Tierra, está situado entre la placa arábica y la placa africana en el **Oriente Medio**. El mar Muerto está a unos 1,300 pies (396 m) por debajo del nivel del mar. El movimiento de las placas hace que la zona se hunda unos 3.3 pies (1 m) por año.

¡VERDADERAMENTE EXTREMO!

En verano, las temperaturas alrededor del mar Muerto pueden subir hasta 118°F (48°C).

El agua que fluye al mar Muerto se **evapora** rápidamente debido a las altas temperaturas que hay allí, dejando el residuo de las sales. Esto hace que el mar Muerto sea la masa de agua más salada del planeta.

Mar Mediterráneo

Cisjordania

Gaza

ISRAEL

El mar Muerto

EGIPTO

JORDANIA

EL VALLE DE LA MUERTE

El punto más bajo de Norteamérica se encuentra en el valle de la Muerte. Está ubicado en California y está a unos 282 pies (86 m) por debajo del nivel del mar. Asombrosamente, a menos de 100 millas (160 km) de ese punto, ¡el monte Whitney asciende a 14,495 pies (4,418 m) por encima del nivel del mar!

El valle de la Muerte es una región estrecha en el sureste de California entre dos cadenas montañosas. Las montañas Panamint están al oeste y las montañas Amargosa están al este. Estas cadenas montañosas nos dan una pista acerca de por qué el valle de la Muerte es tan bajo.

¡VERDADERAMENTE EXTREMO!

El valle de la Muerte es el lugar más seco de Norteamérica y ¡el lugar más caliente del mundo!

CALIFORNIA

Parque Nacional Valle de la Muerte

El valle de la Muerte recibe menos de 2 pulgadas (5 cm) de lluvia cada año, así que hay pocas posibilidades de que el valle se inunde con agua de lluvia.

9

¿POR QUÉ TAN BAJO?

El valle de la Muerte está situado cerca del punto donde dos placas tectónicas se deslizan. Esta fuerza tremenda causa cambios en el terreno cercano. Las montañas se elevan, mientras que el valle desciende y continua bajando incluso hasta hoy día. Aunque no podemos ver cómo esto sucede, los estudios y cálculos que se han llevado a cabo a lo largo de los años demuestran que es cierto.

La cuenca Badwater es el punto más bajo de todo el valle de la Muerte y, por tanto, de Norteamérica. Está situada a la sombra del **pico** Telescope, que está a 11,049 pies (3,368 m) por encima del nivel del mar.

¡VERDADERAMENTE EXTREMO!

Hace unos 3,000 años, había muchos lagos en el valle de la Muerte.

Los visitantes exploran las salinas de la Cuenca Badwater en el Valle de la Muerte, California. Las salinas son áreas donde la sal se ha quedado atrás después de que el agua se ha evaporado.

EL LAGO ASSAL

El lago Assal es el segundo lugar más bajo del mundo y el más bajo de África. Está situado en el país de Yibuti, en el este de África. Se encuentra a 509 pies (155 m) por debajo del nivel del mar.

Los científicos creen que el lago Assal se pudo haber formado de varias maneras. La primera es que la **lava** de un **volcán** se pudo haber enfriado para formar la tierra que separa el lago de una bahía cercana. Otra posibilidad es que el lago se formara de unos manantiales subterráneos que vienen del océano Índico, que es de donde este lago obtiene su agua ahora.

¡VERDADERAMENTE EXTREMO!

Igual que el mar Muerto, el lago Assal es tan salado que ningún pez puede vivir en él.

ÁFRICA

Lago Assal, Yibuti

¡El lago Assal está rodeado de lava negra! Aquí puedes ver un montículo y "dedos" de lava.

LA FOSA SUBGLACIAL DE BENTLEY

El punto más bajo de la Tierra que no está cubierto por agua, está cubierto por hielo. La **fosa** subglacial de Bentley en la Antártida llega a 8,383 pies (2,555 m) por debajo del nivel del mar. ¡La fosa tiene más o menos el mismo tamaño que México!

Sin embargo, este lugar normalmente no se considera uno de los puntos más bajos de la Tierra, ya que si el hielo se derritiera, estaría cubierta por agua. De hecho, la mayor parte del terreno de la Antártida es hielo. Es el **continente** más alto de la Tierra debido al hielo.

Debido a las temperaturas bajo cero en la Antártida, la fosa subglacial de Bentley continuará siendo, por mucho tiempo, el lugar más bajo de la Tierra no cubierto por agua.

ANTÁRTIDA

● Fosa subglacial de Bentley

15

NUEVA ORLEANS

Mucha gente vive en lugares que están por debajo del nivel del mar. Muchas ciudades se construyen a nivel del mar o por debajo del nivel del mar para que puedan tener acceso a las rutas de transporte por agua.

Nueva Orleans, Luisiana, está en el golfo de México, en la desembocadura del río Misisipi. Estas masas de agua cercanas hacen que Nueva Orleans sea una importante ciudad portuaria. Sin embargo, casi toda la ciudad está por debajo del nivel del mar y cada año se hunde un poco más. Cuando el huracán Katrina azotó sus costas en 2005, la ciudad no pudo drenar las aguas crecientes. Como resultado, hubo muchas muertes y considerables daños a la ciudad.

¡VERDADERAMENTE EXTREMO!

¡Una tercera parte de los Países Bajos está por debajo del nivel del mar! Este país ha desarrollado muchas formas para controlar las inundaciones.

Aquí se ve la ciudad de Nueva Orleans, Luisiana, después del huracán Katrina.

EL ABISMO DE CHALLENGER

Hasta ahora, hemos aprendido acerca de lugares *en* la corteza terrestre. ¿Y qué pasa *debajo* de la corteza? El punto más bajo de la corteza terrestre es la fosa de las Marianas en el océano Pacífico Norte. La fosa de las Marianas se creó porque la placa tectónica del Pacífico se desliza debajo de la placa filipina. Su parte más profunda, conocida como el abismo de Challenger, midió 36,201 pies (11,034 m) de profundidad.

En esta parte profunda y oscura del océano viven criaturas marinas que son diferentes de las que viven cerca de la superficie. Para sobrevivir tienen que ser resistentes. ¡El agua que está cerca de los **respiraderos** en el suelo de la fosa puede alcanzar una temperatura de 572°F (300°C)!

¡VERDADERAMENTE EXTREMO!

En 1875, la fosa de las Marianas fue descubierta por la fragata de la Marina Real Británica *Challenger*. Para explorar el suelo marino, se utilizó un equipo de ondas sonoras.

Algunas personas han explorado el abismo de Challenger. Estos científicos saludan desde un vehículo sumergible conocido como batiscafo.

JAPÓN

LA FOSA DE
LAS MARIANAS

El abismo
de Challenger

LAS FILIPINAS

19

LA TIERRA SIEMPRE CAMBIANTE

A pesar de la profundidad de la fosa de las Marianas, no es el lugar más cercano al centro de la Tierra. La Tierra no es perfectamente redonda. La parte central es más abultada. Eso significa que la distancia desde el centro de la Tierra hasta los polos es menor que la distancia entre el centro de la Tierra y el **ecuador**. Los científicos creen que el suelo marino del Ártico está más cerca del centro de la Tierra que el abismo de Challenger.

¿Encontrarán los exploradores algún día lugares más profundos que el abismo de Challenger? Nuestro planeta cambia constantemente, por lo que nadie sabe con seguridad que ocurrirá en el futuro.

Cada día, numerosas fuerzas están trabajando para cambiar la superficie de la Tierra.

¿QUÉ BAJO ESTÁN?

nivel del mar

1,000 pies

2,000 pies

3,000 pies

4,000 pies

5,000 pies

6,000 pies

7,000 pies

8,000 pies

9,000 pies

Nueva Orleans
10 pies (3 m)
bajo el nivel
del mar

Valle de la Muerte
282 pies (86 m)
bajo el nivel
del mar

Lago Assal
509 pies (155 m)
bajo el nivel
del mar

Mar Muerto
1,300 pies (396 m)
bajo el nivel
del mar

Fosa subglacial de Bentley
8,383 pies (2,555 m)
bajo el nivel
del mar

GLOSARIO

continente: una de las siete grandes masas terrestres de la Tierra

corteza: la cáscara exterior de un planeta

ecuador: una línea imaginaria que rodea la Tierra y que está a la misma distancia del Polo Norte que del Polo Sur

evaporar: cambiar su estado de líquido a gas

fosa: un valle largo y estrecho en el suelo de un mar u océano

lava: roca líquida y caliente que sale de un volcán

Oriente Medio: la zona donde el sudoeste de Asia y el noreste de África se encuentran

pico: la parte puntiaguda que sobresale de una montaña

promedio: un número que se obtiene al sumar números y luego dividir la suma por el número de números

respiradero: una pequeña abertura que permite que entre y salga aire

tectónico: relacionado con las fuerzas que producen el movimiento de la corteza terrestre

volcán: una abertura en la superficie de un planeta a través de la cual fluye algunas veces roca líquida y caliente

PARA MÁS INFORMACIÓN

LIBROS

Frisch, Nate. *Death Valley National Park.* Mankato, MN: Creative Paperbacks, 2014.

Rustad, Martha E. H. *The Lowest Places on Earth.* Mankato, MN: First Facts, 2010.

Strom, Laura Layton. *Built Below Sea Level: New Orleans.* New York, NY: Children's Press, 2008.

DIRECCIONES WEB

Tierras por debajo del nivel del mar
geology.com/below-sea-level/
Mira un mapa y lee acerca de lugares que están por debajo del nivel del mar.

Lugares más bajos de la Tierra
www.nps.gov/deva/naturescience/lowest-places-on-earth.htm
Descubre la lista completa.

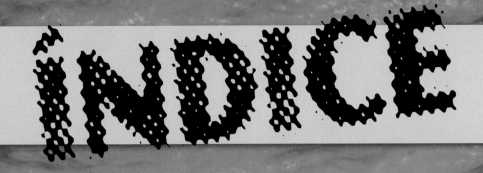

ÍNDICE